Yo Uso Palabras Amables.

¡No Pego!

Mi Increíble Serie de Comportamiento para Niños Pequeños

Un Libro para Niños Pequeños con Temática de Afirmaciones Sobre No Golpear (Edades 2-4)

Por Suzanne T. Christian

TWORAVENS
BOOKS

Copyright © 2024 por Two Little Ravens,
Una impresión de Two Ravens Books LLC.

Todos los derechos reservados.

Queda prohibida la reproducción total o parcial de este libro, así como su utilización en cualquier forma o por cualquier medio, ya sea electrónico o mecánico. Queda explícitamente prohibido grabar o fotocopiar cualquier idea o consejo importante contenido en este libro sin el previo permiso por escrito del titular de los derechos de autor.

ISBN de la edición en tapa blanda: 9781960320049
ISBN de la edición en tapa dura: 9781960320056
ISBN de la edición digital: 9781960320957

Publicado en los Estados Unidos por Two Ravens Books LLC,
254 Chapman Rd, Ste 209, Newark DE 19702

'Ampliando mentes, liberando imaginaciones, una obra a la vez'.
www.tworavensbooks.com

Bienvenido a "yo uso palabras amables. ¡No pego!"

Este libro es un verdadero tesoro de afirmaciones atractivas de fácil comprensión, especialmente pensadas para los más pequeños. A medida que vayan explorando juntos sus páginas, tu hijo descubrirá el placer de expresarse mediante palabras en lugar de recurrir a acciones como pegar.

Cada página está adornada con ilustraciones coloridas y afirmaciones positivas que fomentan la bondad, la comprensión y el comportamiento respetuoso. ¡Prepárate para embarcarte en un viaje de crecimiento emocional, amor y mucha diversión con tu pequeño!

Cuando quiero un juguete, lo pido.
No pego.

Cuando estoy molesta,
uso mis palabras, no mis manos.

Mis manos son para saludar,
no para pegar.

Mis manos son para
hacer suaves cosquillas,
no para pegar.

Yo hago amigos, no pego a los demás.

Cuando me siento molesta, respiro hondo. ¡No pego!

Soy fuerte, pero uso mi fuerza para ayudar, no para pegar.

Mis dedos son para hacer divertidas chócalas no para lastimar.

Me encanta
compartir sonrisas
no pupas.

Uso mis manos para apilar bloques, no para pegar.

Esparzo amor con abrazos, no dolor con golpes.

Mis manos son para pintar, no para empujar a otros.

Cuando quiero ser escuchada, canto.
No pego.

Mis manos son buenas para aplaudir, no para pegar.

Puedo jugar con buenas maneras con mis amigos.
No necesitamos pegar.

Mis manos son para ayudar,
no para pegar.

Está bien sentirse molesto.
No está bien pegar.

Cuando estoy molesta, cuento hasta tres. No pego.

Me encanta dar regalos, no dar golpes.

Mis manos son para abrazar a mi osito, no para pegar.

Me tomo de la mano con mis amigos.
No les hago daño.

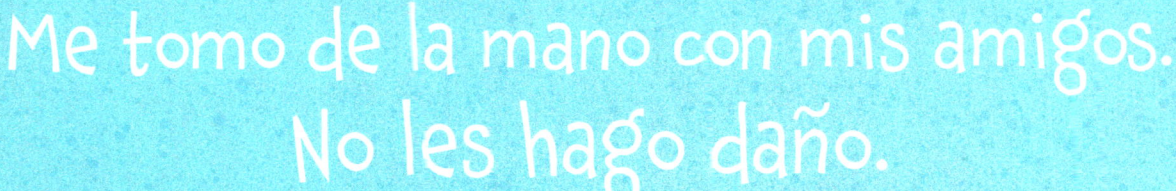

Cuando quiero expresarme, dibujo. No pego.

Mis manos pueden
hacer trucos de magia.
Yo no pego.

Yo comparto mis juguetes, no mi mal humor.

Yo uso palabras amables. ¡No pego!

TWORAVENS
BOOKS

Impresos coleccionables
para pequeños estudiantes y lectores

¡Hola, brillante pequeño lector y estimado guía adulto!

Gracias por embarcarte en este emocionante viaje educativo lleno de diversión que te trae este libro.

Esperamos que cada página te haya hecho sonreír, mientras aprendías y te divertías.

Si tienes ideas para hacer que este libro sea aún más útil para ti y para otros, no dudes en enviarnos un correo electrónico a **hello@tworavensbooks.com.**

Si esta aventura te ha sacado risas y ha iluminado tu mente con nuevas ideas, estaríamos encantados de que compartieras tus risas y logros dejando una reseña en **"Yo Uso Palabras Amables. ¡No Pego!"**

Tus comentarios no solo ayudan a otros a descubrir este libro, sino que también nos inspiran a seguir creando nuevos títulos maravillosos que mezclen el humor y el aprendizaje.

Sigue riendo, sigue aprendiendo y gracias por tu apoyo a **Two Little Ravens**, una marca de **Two Ravens Books LLC.**

Descubre más libros educativos y divertidos como este en **TwoRavensBooks.com.**

www.ingramcontent.com/pod-product-compliance
Lightning Source LLC
LaVergne TN
LVHW072310090526
838202LV00018B/2259